아빠는 너희를 응원한단다

버락 오바마 글 | 로렌 롱 그림 | 고승덕 옮김

월드김영사

따뜻한 사랑과 분별력으로 아이들을 훌륭하게 키우고 있는 미셸에게
– 버락 오바마

나의 사랑스러운 아들 그리피스와 그레이엄에게
– 로렌 롱

세상에서 너희가 가장 사랑스럽다고
아빠가 한 말 생각나니?
너희가 신 나게 뛰어놀면
아빠도 덩달아 기분이 좋아지고,
너희가 해맑게 웃으면
세상이 온통 환하게 빛나는 것 같다고.

아빠가 말했지?

너희는 새로운 것을 만들어 낼 수 있다고.

화가 조지아 오키프는 사막에 살면서 꽃과 뼈와 나무껍질을 그렸어.
작은 돌멩이 하나, 보잘것없는 깃털 하나도
얼마나 아름다운지 느끼게 해 주었단다.

아빠가 한 말 기억나니?
　　　너희는 무엇이든 생각해 낼 수 있다고.

너희가 상상하는 대로 뭐든지 만들 수 있다고 말이야.

과학자 알베르트 아인슈타인은

마음속으로 상상했던 것을 진짜로 만들어 냈어.

에너지와 빛으로 세상을 바꾸었단다.

아빠가 말한 적 있지?

너희가 사람들에게 용기를 줄 수 있다고.

흑인 최초의 야구 선수 재키 로빈슨은

그를 쳐다보지도 않던 사람들 때문에 힘들었어.

하지만 사자처럼 늠름하고 힘차게 야구를 계속 했고,

결국 사람들의 존경과 사랑을 한 몸에 받았지.

그는 꿈을 향해 나아가는 사람들에게 용기를 주었단다.

아빠가 한 말 생각나니?
　　너희가 사람들의 아픈 마음을 어루만져 줄 수 있다고.

인디언 부족의 지도자 시팅 불은

상처 받은 인디언들의 아픈 마음을 달래 주었어.

그는 백인과 인디언이 서로 다르다고 해서 차별 받아서는 안 된다고 생각했지.

"평화로워지기 위해 독수리가 까마귀가 될 필요는 없습니다."

비록 시팅 불은 백인 군대와 싸우다가 감옥에 갇혔지만,

그의 현명하고 지혜로운 마음은 길이길이 전해졌단다.

아빠가 말했지?

　　너희가 사람들에게 감동을 줄 수 있다고.

흑인 재즈 가수 빌리 할리데이는

머리에 치자나무 꽃을 달고, 세상을 향해 노래를 불렀어.

자신의 슬픔과 기쁨을 담아 낸 그녀의 아름다운 목소리에

사람들은 깊은 감동을 받았단다.

아빠가 한 말 기억나니?
　아무리 힘들더라도 너희는 꿋꿋하게 견뎌 낼 수 있다고.

헬렌 켈러는 소리가 없는 긴 어둠 속에서 살았어.

그녀는 볼 수도 없고, 들을 수도 없었지만

자신과 같은 아픔을 지닌 사람들을 성심성의껏 가르쳤단다.

헬렌 켈러는 있는 그대로 고통을 받아들이고 견뎌 내는

용기 있는 모습을 보여 주었지.

아빠가 말한 적 있지?

다른 사람들을 위해 희생한 분들을 존경해야 한다고.

예술가 마야 린은 베트남 전쟁에서 목숨을 잃은 분들을 기리는
'베트남 참전용사 기념비'를 조각했어.

평등한 세상을 만들기 위해 애쓴 분들을 위한 '인권 기념비'도 만들었단다.

그녀는 예술 작품이 사람들 생활 속으로 친근하게 다가가

과거를 뉘우치고 더 나은 미래를 향해 가는 데 도움이 되길 바랐단다.

아빠가 한 말 생각나니?
　　너희는 따뜻한 마음씨를 가지고 있다고.

22

사회사업가 제인 애덤스는 정성껏 가난한 사람들을 돌보고
일자리를 찾도록 도와주었어.
사람들에게 기회를 줘 희망을 가질 수 있게 했지.
어른들은 교육을 받을 수 있도록 했고,
아이들은 맘껏 뛰어놀면서 바른 사람으로 자라도록 이끌어 주었단다.

아빠가 말했지?
너희는 절대 포기를 모른다고.

미국에서 인종 차별이 심했을 때가 있었어.

그때 마틴 루서 킹 목사는 한결같은 사랑으로

피부색과 종교가 다른 사람들이 손에 손을 잡고

한 곳을 바라보며 나아가는 꿈을 갖게 했지.

킹 목사는 행진하고 기도하면서 사람들의 굳게 닫힌 마음을 열었고,

결국 우리는 그 꿈을 이룰 수 있었단다.

아빠가 한 말 기억나니?
　　　너희는 탐험가처럼 모험심이 가득하다고.

우주비행사 닐 암스트롱은 처음으로 달 위를 걸었어.

그는 달에서 지구를 바라보았지.

우리도 달 위를 사뿐사뿐 걸어 다니는 그를 보면서

어떤 새로운 곳도 탐험할 수 있다는 자신감을 얻었단다.

아빠가 말한 적 있지?

너희가 사람들의 마음을 움직일 수 있다고.

세자르 차베스는 자신들이 아무 힘이 없다고 여겼던

농장 일꾼들의 권리를 찾기 위해 노력했어.

농장 일꾼들은 가난했지만 열심히 일했고 땅을 사랑했단다.

시위를 하고, 기도를 하고, 자신의 주장을 펼치는 세자르 차베스의 모습에

농장 일꾼들은 마음이 움직였고, 자신들의 권리를 찾기 위해 힘을 냈단다.

세자르 차베스는 큰 소리로 외쳤어. "우리는 할 수 있어요!"

아빠가 한 말 생각나니?

너희가 세상 누구보다도 소중한 가족이라고.

에이브러햄 링컨은 서로 다른 의견으로 갈라진 나라를 하나로 만들기 위해 애썼어.

국민들의 뜻을 모았고, 노예들에게 자유를 약속했단다.

"우리는 가족처럼 서로를 소중하게 생각하고 존중해야 합니다."

링컨은 자신의 확고한 뜻을 사람들에게 전했단다.

아빠가 말했지?

너희가 이 나라의 자랑스러운 국민이라고.

미국의 초대 대통령 조지 워싱턴은 자유와 정의를 위해 싸웠어.

그가 이끌었던 미국 독립군은 추운 겨울 맨발로 강을 건너야 하는

어려움에도 아랑곳하지 않고 앞으로 나아갔어.

워싱턴 대통령은 새로운 나라, 올바르고 원칙이 있는 나라,

시민들을 위한 나라를 만드는 데 앞장섰단다.

아빠가 한 말 기억나니?
너희는 다양한 사람들과 더불어 살아가고 있다고.

피부색이 다르고 종교와 생각이 다른 사람들.

저마다 다른 곳에 살고 있는 사람들.

자기가 가진 재능을 나누면서 세상을 빛내는 사람들.

서로를 격려하고, 용기를 북돋우는 사람들.

올바른 나라를 만들기 위해 애쓰는 사람들.

아빠가 말한 적 있지?

이 사람들이 바로 너희라고, 너희가 바로 이 사람들이라고.

아빠는 우리의 미래인 너희를 응원한단다.

그리고 아빠는 너희를 언제나 사랑한단다.

이 책에 나온 세계 위인

조지아 오키프(Georgia O'keeffe, 1887-1986)

미국의 유명한 여류 화가이다. 위스콘신 주에서 태어났으며 시카고와 뉴욕에서 미술을 공부했다. 뉴멕시코 주의 사막 지역에서 살면서 짐승의 뼈와 꽃, 나무껍질, 바위, 산 등 자연을 소재로 활발한 작품 활동을 했다. 미국 현대 회화에서 가장 독창적이고 비중 있는 미술가로 평가 받는다.

알베르트 아인슈타인(Albert Einstein, 1897-1955)

물리학자이다. 독일에서 태어나 1933년에 미국으로 이주했다. '특수 상대성 원리', '일반 상대성 원리', '광량자 가설', '통일장 이론' 등 공간, 시간, 중력에 관한 새로운 이론들을 발표했다. 1921년에 '노벨 물리학상'을 받았다.

재키 로빈슨(Jackie Robinson, 1919-1972)

미국 메이저 리그 야구 역사상 최초의 흑인 선수이다. 인종 차별이 심했던 시기인 1947년에서 1956년까지 내셔널 리그의 브루클린 다저스 팀에서 외야수와 내야수로 활약했다. 1962년 야구 명예의 전당에 올랐다.

시팅 불(Sitting Bull, 1831경-1890)

미국 인디언 부족의 추장이다. 인디언 이름은 타탕카 이요타케이다. 인디언들이 북아메리카 대평원에서 살아남을 수 있도록 백인들에 맞서 싸웠으며, 1876년 리틀빅혼 전투에서 승리했다. 그러나 백인 군대에게 체포되어 죽임을 당했다. 탁월한 지도자였으며, 부족을 사랑하는 아버지로, 기도의 힘을 가진 예언자로 존경 받았다.

빌리 할리데이(Billie Holiday, 1915-1959)

미국의 유명한 흑인 재즈 가수이다. 어려웠던 어린 시절을 이겨 내고 최고의 가수가 되었다. 누구도 흉내 낼 수 없는 감성이 풍부한 목소리로 사람들에게 감동을 주었다. 'What a Little Moonlight Can Do', 'God Bless the Child', 'Summertime', 'Stormy Weather' 등의 노래가 유명하다.

헬렌 켈러(Helen Keller, 1880-1968)

교육자이자 작가이다. 어렸을 때 시각과 청각을 잃고 말을 못했지만, 설리번 선생님을 만나 교육을 받기 시작해, 1904년 케임브리지의 래드클리프 대학을 우등생으로 졸업했다. 전 세계를 돌아다니며 장애인 교육에 힘썼고, 평생 장애인들을 위해 일했다. 여러 권의 책도 썼다. 1964년 미국 대통령이 수여하는 '자유 메달'을 받았다.

마야 린(Maya Lin, 1959-)

워싱턴 D.C.에 있는 '베트남 참전용사 기념비'를 만든 유명한 예술가이자 건축가이다. 이 기념비는 그녀가 예일 대학교를 다닐 때, 전쟁에서 사망하거나 실종된 군인들의 이름을 화강암 비에 새겨 넣은 것이다. 매년 수백만 명의 사람들이 이 기념비를 찾고 있다.

제인 애덤스(Jane Addams, 1860-1935)

미국의 사회사업가이자 평화주의자이다. 평생을 어린이들을 돕고, 가난을 없애고, 평화를 지키는 데 헌신했다. 1931년 '노벨 평화상'을 수상했고, 시카고에 가난한 사람들을 위한 쉼터인 '헐 하우스'를 세웠다. 시카고 헐 하우스는 북아메리카 최초의 사회복지기관 중 하나이다.

마틴 루서 킹 주니어(Dr. Martin Luther King Jr, 1929-1968)

미국의 목사이자 인권 운동의 지도자이다. 1955년에서 1956년까지 시내버스의 흑인 차별 대우에 반대하는 '몽고메리 버스 보이콧 투쟁'과 1963년 워싱턴에서 있었던 대규모 평화 행진 등 흑인들의 비폭력 사회 운동을 이끌었다. 1964년에 '노벨 평화상'을 수상했다.

닐 암스트롱(Neil Armstrong, 1930-)

아폴로 11호를 타고 1969년 7월 20일 인류 최초로 달에 착륙한 미국의 우주비행사이다. 달 위에 발을 내디디며 "이 일은 나에게는 한 걸음에 불과하지만, 인류에게는 거대한 도약이다."라는 유명한 말을 남겼다. 달에서 지구로 돌아온 그와 동료 버즈 올드린은 큰 환영을 받았고, 우주 탐사 시대를 연 공로를 인정받아, '자유 메달'을 수상했다.

세자르 차베스(Cesar Chavez, 1927-1993)

어린 시절부터 농장 일꾼으로 일했다. 농장 일꾼들의 권리와 존엄성 회복을 위한 비폭력 사회 운동을 펼쳤다. 미국 '농장노동자노조연합'의 공동 설립자로 중요한 노동 개혁을 이끌어 냈다. 그가 세상을 떠난 다음 해인 1994년에 '자유 메달'이 수여되었다.

에이브러햄 링컨(Abraham Lincoln, 1809-1865)

미국의 제16대 대통령이다. 남북 전쟁을 승리로 이끌었으며, 노예 제도를 없앴다. 뛰어난 연설가로, 1863년 남북 전쟁 게티즈버그 전투에서 숨진 군인들의 영혼을 위로하는 행사에서 말한 '게티즈버그 연설'은 매우 유명하다. 존 윌크스 부스에게 암살되었다.

조지 워싱턴(George Washington, 1732-1799)

미국의 초대 대통령이다. 미국 독립 전쟁 당시 혁명군 총사령관이었다. 1787년 헌법제정회의의 의장으로 선출되었으며, 선거인단의 만장일치로 1789년 대통령으로 뽑혔다.

BARACK OBAMA

of THEE I SING

A Letter to My Daughters

아빠는 너희를 응원한단다

영어로 읽기

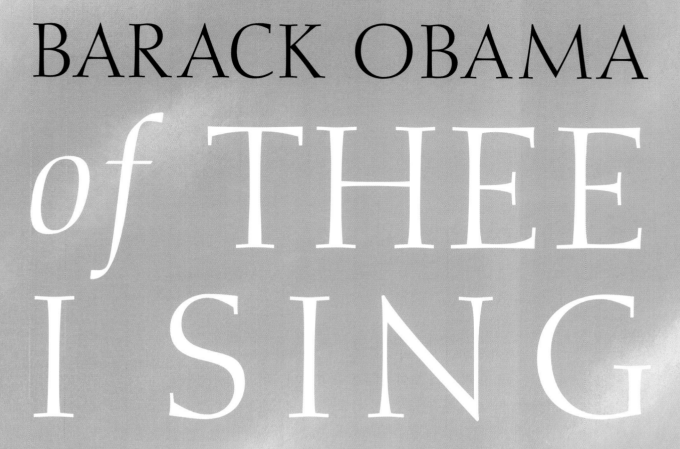

ILLUSTRATED BY LOREN LONG

P 7

Have I told you lately how wonderful you are?

How the sound of your feet
running from afar
brings dancing rhythms to my day?
How you laugh
and sunshine spills into the room?

P8-9

Have I told you that you are creative?

A woman named Georgia O'Keeffe
moved to the desert and painted petals, bone, bark.
She helped us see big beauty in what is small:
the hardness of stone and the softness of feather.

P 10-11   ***Have I told you that you are smart?***

That you braid great ideas with imagination?
A man named Albert Einstein
turned pictures in his mind into giant advances in science,
changing the world
with energy and light.

P 12-13   ***Have I told you that you are brave?***

A man named Jackie Robinson played baseball
and showed us all
how to turn fear to respect
and respect to love.
He swung his bat with the grace and strength of a lion
and gave brave dreams to other dreamers.

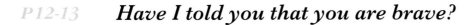

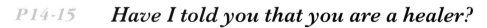

Have I told you that you are a healer?

P14-15

Sitting Bull was a Sioux medicine man
who healed broken hearts and broken promises.
It is fine that we are different, he said.
"For peace, it is not necessary for eagles to be crows."
Though he was put in prison,
his spirit soared free on the plains, and his wisdom
touched the generations.

P16-17

Have I told you that you have your own song?

A woman named Billie Holiday wore
a gardenia in her hair
and sang beautiful blues to the world.
Her voice, full of sadness and joy,
made people feel deeply and add their melodies to the chorus.

P 18-19

Have I told you that you are strong?

A woman named Helen Keller fought her way through long,
silent darkness.
Though she could not see or hear,
she taught us to look at and listen to each other.
Never waiting for life to get easier,
she gave others courage to face their challenges.

P 20-21

Have I told you how important it is to honor others' sacrifices?

A woman named Maya Lin designed
the Vietnam Veterans Memorial
to remember those who gave their lives in the war,
and the Civil Rights Memorial
to thank the many who fought for equality.
Public spaces should be filled with art, she thought,
so that we can walk amidst it,
recalling the past and inspired to fix the future.

P22-23 **Have I told you that you are kind?**

A woman named Jane Addams fed the poor
and helped them find jobs.
She opened doors and gave people hope.
She taught adults and invited children
to play and laugh and let their spirits grow wide.

P24-25 **Have I told you that you don't give up?**

When violence erupted in our nation
a man named Martin Luther King Jr.
taught us unyielding compassion. He gave us a dream
that all races and creeds would walk hand in hand.
He marched and he prayed and, one at a time,
opened hearts and saw the birth of his dream in us.

P 26-27

Have I told you that you are an explorer?

A man named Neil Armstrong was the first to walk on the moon.
He watched the world from way up high
and we watched his lunar landing leaps,
which made us brave enough
to take our own big, bold strides.

P 28-29

Have I told you that you are inspiring?

A man named Cesar Chavez showed
farmworkers their own power
when they felt they had none.
The people were poor but worked hard and loved the land.
Cesar picketed, prayed, and talked.
The people listened to their hearts and marched for their rights.
"*¡Si se puede!*" Cesar said. "Yes, you can!"

P30-31 **_Have I told you that you are part of a family?_**

A man named Abraham Lincoln knew
that all of America should work together.
He kept our nation one
and promised freedom to enslaved sisters and brothers.
This man of the people, simple and plain,
asked more of our country - that we behave as kin.

P32-33 **_Have I told you to be proud to be American?_**

Our first president, George Washington,
believed in liberty and justice for all.
His barefoot soldiers crossed wintry rivers, forging ever on.
He helped make an idea into a new country, strong and true,
a country of principles, a country of citizens.

P34-35

Have I told you that America is made up of people of every kind?

People of all races, religions, and beliefs.
People from the coastlines and the mountains.
People who have made bright lights shine
by sharing their unique gifts
and giving us the courage to lift one another up,
to keep up the fight,
to work and build upon all that is good
in our nation.

P36

Have I told you that they are all a part of you?

Have I told you that you are one of them,
and that you are the future?
And have I told you that I love you?

글쓴이 버락 오바마

미국의 제44대 대통령입니다. 2009년 '노벨 평화상'을 받았습니다. 1961년 하와이에서 케냐 출신인 아버지와 미국 캔자스 출신의 어머니 사이에서 태어났습니다. 부인 미셸 오바마, 두 딸 말리아와 사샤, 강아지 보와 함께 백악관에서 살고 있습니다.

그린이 로렌 롱

《뉴욕타임스》 등 잡지와 신문, 책 표지의 그림 작가로 유명합니다. 2000년부터 어린이 책에도 그림을 그리기 시작해, 《씩씩한 꼬마 기관차》 《피바디 선생님의 사과》 등에 그림을 그렸으며, '골든 카이트 상'과 '황금상'을 수상했습니다. 미국 미주리 주에서 태어났으며, 지금은 오하이오 주의 신시내티에서 부인 트레이시, 두 아들 그리피스와 그레이엄, 강아지 엘르와 문과 함께 살고 있습니다.

옮긴이 고승덕

서울대학교 재학 중에 고시 삼관왕(사법시험 최연소, 행정고시 수석, 외무고시 차석)이 되었고, 수석으로 법대를 졸업했습니다. 미국 예일 대학교와 하버드 대학교에서 법학 석사 학위를 받았고, 컬럼비아 대학교에서 법학 박사 학위를 받았습니다. 수원지방법원 판사, 이화여자 대학교 겸임 교수, 펀드매니저를 역임했습니다. 현재 국회의원이자 재단법인 드림파머스의 대표로 어린이와 청소년들에게 '꿈'에 대한 강연을 활발하게 펼치면서, '꿈'의 소중함을 널리 알리고 있습니다.

아빠는 너희를 응원한단다

1판 1쇄 발행 | 2011. 4. 20.
1판 2쇄 발행 | 2011. 5. 11.

버락 오바마 글 | 로렌 롱 그림 | 고승덕 옮김

발행처 월드김영사
발행인 박은주
편집인 박숙정
등록번호 제 300-2006-186호
등록일자 2006. 12. 22.
주소 서울특별시 종로구 가회동 17(우 110-260)
전화 마케팅부 031-955-3102 편집부 031-955-3113~20
팩스 031-955-3111

값은 표지에 있습니다.
ISBN 978-89-963772-4-5 77840

좋은 독자가 좋은 책을 만듭니다.
월드김영사는 독자 여러분의 의견에 항상 귀 기울이고 있습니다.
독자의견전화 031-955-3112 | 전자우편 book@gimmyoung.com
홈페이지 www.gimmyoungjr.com | 어린이들의 책놀이터 cafe.naver.com/gimmyoungjr